APPEL

AUX

HOMMES SINCÈRES

DE

TOUS LES PARTIS.

Clermont-Ferrand,

IMPRIMERIE DE PEROL, RUE BARBANÇON, 2.

1852.

J'ai délibéré dans ma conscience et dans mon cœur, et j'adresse cet appel aux hommes intelligents de tous les partis.

Après l'éclatante adhésion des 20 et 21 décembre, il peut sembler puéril de s'arrêter à quelques dissidences et surtout de s'en inquiéter, mais les préoccupations du monde et de la presse, le silence calculé de quelques journaux, les réserves précises de quelques autres font bien voir que si les partis ont désarmé, ils n'ont pas abdiqué.

Rien, d'ailleurs, de ce qui se passe dans les régions où s'agite la pensée ne doit désintéresser la prévoyance. Les grandes pulsations de la société sont là. C'est la tête de la France, si ce n'en est pas tout le cœur. Le schisme en haut, c'est bientôt la guerre en bas.

Et puis, lors même que l'agitation resterait circonscrite dans les sphères élevées, il faudrait y porter encore ses efforts, ne serait-ce que pour ramener dans des voies nationales et profitables la somme de forces qui se dépenserait inutilement dans des négations impuissantes et des disputes stériles.

J'ai donc pensé qu'un appel à la réconciliation était encore opportun. Je ne m'exagère pas, je supplie qu'on veuille le croire, l'influence de mes paroles ; mais chacun, dans sa mesure, doit témoignage à ce qu'il croit patriotique et vrai, et je dis ici mes sentiments sur la conduite que me semblent conseiller à tous les hommes sincères, le dévouement au pays, l'amour de l'ordre, les sollicitudes intelligentes de la liberté.

APPEL

A TOUS LES HOMMES SINCÈRES.

Après les événements qui viennent de s'accomplir, et les scènes hideuses qui ont affligé le pays, il n'y a pas, pour des esprits sensés, deux conduites à tenir. Tous les hommes de bonne volonté, quels que soient leurs antécédents de parti, doivent mettre à l'écart des préoccupations secondaires, si douloureux qu'en puisse être le sacrifice, et porter au Gouvernement un loyal concours. Dans toutes les situations, le pouvoir est le premier besoin de la société; mais ses nécessités sont plus impérieuses encore dans des temps comme ceux-ci. Dans les temps agités, il faut un pouvoir fort, une direction énergique et obéie, pour rallier les volontés éparses, ramener les volontés chancelantes, briser les volontés coupables.

Mais la force dans le pouvoir n'est pas seulement profitable à l'ordre, elle tourne aussi à l'avantage de la liberté. Un gouvernement fort est toujours généreux; un gouvernement faible et contesté est fatalement compressif.

Ces considérations ont impressionné bien des votes dans le dernier scrutin, et la plupart, sans doute, se sont engagés sans retour. Mais il en est aussi un grand nombre qui, dans de tristes illusions de parti, ont cru devoir réserver l'avenir.

Pour l'avenir même du pays, pour sa sécurité, pour sa grandeur, ce n'est pas comme transition, mais comme définitive, qu'il faut accepter la conduite qu'elles conseillent, et abdiquer, sous un drapeau commun, des prédilections impossibles.

N'est-il pas vrai que les prétentions opposées des deux branches les excluaient l'une et l'autre, et plaçaient devant elles une impasse?

N'est-il pas vrai que la *fusion* n'était qu'une chimère, qui témoignait de la fidélité des hommes honorables qui en avaient eu la pensée, plus que de la connaissance réelle des sentiments du pays et de la nécessité des temps?

Il est facile à des esprits éminents de s'abstraire dans la spéculation. L'idée chez eux domine l'émotion. Dans leur plan, le passé est sans ressouvenir, le présent sans défiance.

Mais un salon de Paris n'est pas l'image de la France. Par toute la France règne cette conviction invincible qu'il y a, dans un certain monde, des prétentions qui n'ont jamais abdiqué. Vraies ou supposées, mais tenues pour certaines, ces prétentions, soit qu'elles s'attaquent aux droits, soit qu'elles n'intéressent que l'amour-propre ou la dignité des personnes, séparent la société en deux classes, et sont la source d'un antagonisme qui ne pourra s'effacer que sous la main impartiale d'un pouvoir nouveau. Il y a des courants d'idées, des préventions nationales, que l'on peut regretter, mais que les véritables hommes d'état ne doivent pas méconnaître. Ils ne sont habiles et heureux qu'à cette condition. Ce sont là des vérités historiques. Dans leur marche, les sociétés humaines ont des transformations dont il faut accepter la loi. On ne refait pas le passé. Jamais le gouvernement de la branche aînée, de son consentement, ne sera le gouvernement de la France. La vieille société qui s'est écroulée en 1789, serait aussi impuissante à imposer sa dynastie que ses idées aux générations nouvelles. La France de la révolution se croirait sans cesse menacée ou trahie.

La fusion, venue d'en haut et privée de l'assentiment impossible de la nation, eût recommencé le mouvement qui, en 1815, ramena triomphalement l'empereur de l'île d'Elbe, et fit passer la couronne en 1830 dans la maison d'Orléans. C'est l'éternel malheur d'une race dépossédée trois fois, de ne pouvoir revenir que par la violence et la surprise, qui lui sont un nouvel obstacle à chaque dépossession. 1814 et 1815 ajoutent aux impossibilités du comte de Chambord.

Faites accepter aussi aux légitimistes la branche d'Orléans! De toutes les éventualités, celle-là leur était la plus antipathique. Ils ne s'en cachaient pas, et ils disaient pourquoi.

Ils applaudirent à la république de Ledru-Rollin, non pour elle, assurément, ils ne l'aimaient guère, mais ils battirent des mains à son avènement, parce qu'elle avait mis à terre la dynastie de juillet.

Voilà la nature humaine; elle est ainsi faite, on dépense inutilement ses forces en allant contre ses courants. Et l'histoire est d'accord avec la nature. Qu'avez-vous à leur répondre? Mais répondez avec votre intelligence, et non pas avec votre cœur. Il ne s'agit ni de sentiments ni de vœux. Il s'agit d'une appréciation politique, d'un acte de patriotisme et de raison, d'une grande détermination à prendre après un demi-siècle d'illusions. Je parle ici, croyez-le bien, sans prévention de parti, comprenant toutes les prédilections, mais les jugeant comme elles doivent être jugées, froidement, politiquement; eh bien, la main sur la conscience, je dis que les légitimistes n'accepteront jamais la branche d'Orléans, et que les orléanistes, et avec eux le pays, n'accepteront jamais la branche aînée des Bourbons. Je vois dans ces exclusions respectives, l'impossibilité de pacifier les deux partis l'un par l'autre, et dans cette impossibilité, la nécessité d'un gouvernement qui les reconcilie, en les excluant tous les deux. Quand on a dit ce mot si simple et si profond : « La république est ce qui nous divise le moins, » — on n'en voulait tirer qu'une induction dilatoire. Il en sortait un conseil définitif. Là où les impossibilités sont permanentes, les réserves s'en vont au néant.

Et ce n'est pas seulement à leur propre néant qu'elles vont, c'est au néant de la société elle-même qu'elles aboutissent, à l'amoindrissement, si ce n'est à la ruine du pays, à la perte de toute grandeur, à l'éternelle agitation de nos cœurs et de nos foyers. La fidélité en politique est une chose honorable, sans doute, mais le dévouement au pays est la première vertu. La fidélité n'est un devoir qu'à la condition de la possibilité, au jugement du bon sens, et lorsque le dévouement aux personnes se confond avec le dévouement à la patrie.

Les légitimistes, il est vrai, les plus attardés du moins, se retranchent derrière un principe qu'ils placent au-dessus de la

société. Mais, dans la philosophie de la Providence comme
dans la philosophie humaine, un principe est une loi d'existence et de conservation. Or, la loi d'existence est ici *un
gouvernement*, car une société ne peut se concevoir qu'autant
qu'elle est gouvernée. Une société qui n'est pas gouvernée,
ou qui est mal gouvernée, périt infailliblement.

Voilà la loi de Dieu.

La forme du gouvernement, la main à qui le gouvernement
est confié, est dans les choses secondaires abandonnées à la
prudence humaine. Toute forme, toute main qui conserve,
est légitime selon Dieu, qui bénit toutes les grandes races, tous
les grands hommes qui les commencent ou les continuent, tous
les gouvernements forts et sages sous la main desquels les
peuples prospèrent et grandissent. Charles Martel, Hugues
Capet, Napoléon, ont été des princes légitimes. Le sta-
thouder Guillaume de Nassau fut légitime au même titre
que l'avait été le premier Stuart.

Mais tout serait rébellion, si la fidélité enchaînait quand même
aux dynasties tombées, et les légitimistes qui n'en sont plus à
Charlemagne ou à Mérovée, auraient été les premiers infidèles
à leur religion.

Du reste, on le sait, les hommes éclairés du parti ont fait
descendre *le principe* dans des régions purement humaines.
Seulement, ils persistent à le mettre hors de discussion, en
lui imprimant le caractère d'une *croyance* politique.

Mais ne croit pas qui veut. La foi se réserve pour les choses
d'en haut. Dans le domaine de la raison, le dogme de la
légitimité a pour antagonisme celui de la souveraineté qui,
pour des esprits sensés, ne se réduit pas d'ailleurs à un acte
purement matériel, dépourvu d'intelligence et de moralité.

Lequel est le meilleur? Est-ce le dogme de la légitimité?
Quelquefois. Quand une société est assise, est gouvernée, le
principe est bon, et il faut s'y tenir.

Mais quand la société est en dérive et jetée sans pilote sur
une mer furieuse, sept millions de suffrages deux fois ré-
pétés sont la légitimité par excellence pour celui que la nation
appelle au gouvernail.

Rien ici n'est donc absolu. Comme toutes les choses lais-
sées à la conduite de la prudence humaine, la solution est

abandonnée aux conseils du fait, à la loi suprême du salut public.

Il est grand temps d'abandonner une thèse qui, sous prétexte de mieux servir la société, la trouble depuis soixante ans. L'heure des transformations est venue. *Jacobites* de toutes les nuances, faites-vous Whigs ou Tories, mais écoutez la voix de la patrie et celle de l'histoire. Lorsque les divisions dynastiques auront cessé d'agiter le pays, la révolution française aura accompli l'évolution qui, en 1689, pacifia la société anglaise, et ouvrit à cette grande nation l'ère de prospérité dans laquelle elle a marché si glorieusement depuis.

Mais si les légitimistes ont le prétexte de leur principe, les orléanistes et les républicains modérés, qui, sous des formes politiques différentes, poursuivent le même but social, sont amenés, par le principe même qui leur est commun, le principe de la souveraineté, aux loyales adhésions que leur conseille l'amour du bien public.

Qu'ont-ils à objecter à huit millions de votes, à la France presque unanime?

L'illégalité de l'acte du 2 décembre?

Mais aux hésitations qui se retranchent derrière ce scrupule, je répondrai qu'il y a dans la vie des peuples des situations solennelles qui ne peuvent se dénouer que par un de ces actes que toutes les politiques ont souvent appelés providentiels. Le *salus populi* est alors la loi suprême. L'appréciation de ces redoudables nécessités relève du for intérieur, et, lorsque après l'évènement, le *vox populi* vient attester le *salus populi*, l'acte est jugé par la conscience publique. Reportons-nous au 2 décembre. Quel était alors l'état du pays? Dans l'assemblée, dans la presse, dans le monde, l'anarchie était partout, et nous courions ainsi vers cette effroyable échéance de 1852. La main sur le cœur, je dis que nous courions à l'abîme. Je sais ce qui serait sorti, en dehors de l'influence des derniers évènements, de la troisième application du suffrage universel.

Tous nous pensions cela; nous l'écrivions ou le disions la veille même du 2 décembre. C'était une lutte suprême entre la république rouge et la république sociale, marchant unies et en rangs serrés, et le pêle-mêle des partis conservateurs, allant chacun de son côté. L'acte du 2 décembre, le *coup d'état*, comme ces faits s'appellent dans l'histoire, a été la défaite du socialisme et le salut de la société.

1851 a défait 1848 aggravé des éventualités de 1852. C'est le fait qui a succédé au fait, voila tout. Et pour 1848 vous déserteriez le 2 décembre, qui a obtenu plus tard l'assentiment du droit? Soyons des hommes sérieux qui savent quelque peu devancer l'histoire et se faire un jugement à eux. Soyons conséquents surtout, et que ceux qui, la veille des évènements, étaient si effrayés, ne se montrent pas aujourd'hui plus attristés ou plus scrupuleux qu'il ne faut.

Trouvez-vous exorbitants les pouvoirs conférés par le plébiscite? Ils étaient dans le droit de la souveraineté. Il n'y a pas là aliénation. Il y a mandat très-étendu, c'est vrai, une confiance immense, mais délégation valable, contrat licite de mandant à mandataire.

Craignez-vous que le mandataire abuse? Attendez les œuvres. Jusqu'à présent, que je sache, il a fait assez bien les affaires de l'ordre, pourquoi ne ferait-il pas celles de la liberté?. Attendez donc, mais attendez sans vous refuser, car votre concours peut seconder vos vœux. Pourquoi Napoléon se priverait-il des conseils de la nation, de l'intervention du pays dans la mesure campatible avec les nécessités du pouvoir? La force du pouvoir se calcule sur celle des résistances; le gouvernement pourra donc se passer de toute la part de force qui lui serait nécessaire pour contenir les mauvais vouloirs ou seulement compenser l'absence de concours.

Apportons donc tous notre bonne volonté. C'est la bonne conduite, le conseil de la politique et celui du devoir.

Le devoir, la paix du pays, les intérêts de la liberté, voilà des raisons peut être.

Mais la réconciliation des partis, la réunion définitive sous le même drapeau de toutes les forces défensives de la société, est commandée par la loi même de sa conservation devant le péril qui menace les sociétés modernes, le socialisme, ce fléau qui s'est levé sur l'Europe.

Le socialisme, prévenu le 2 décembre, a été surpris et battu sur quelques-unes de ses lignes, mais il n'est ni vaincu ni découragé. Un poison de cette nature ne s'extirpe pas si facilement. Il s'infiltre trop avant dans les âmes qu'il a une fois possédées, pour que ses corruptions cèdent à la première attaque.

C'est, d'ailleurs, un protée qui revêt toutes les formes, qui a des séductions pour toutes les faiblesses. S'il n'est qu'un instrument dans les mains perverties qui le font mouvoir, il est un délire sincère dans des imaginations jeunes ou déréglées, un stimulant pour toutes les convoitises, un mobile pour toutes les mauvaises passions.

Je décomposerai tout à l'heure le monstre multiple, mais je me hâte d'aller au-devant d'une objection. Le peuple, dit-on, n'était pas aussi infecté qu'on le supposait ; les votes du 20 décembre l'ont bien fait voir.

Je répondrai que l'élan de 1851 tient à des causes diverses ; je n'indiquerai que celles-ci :

La contagion du succès ;

L'attraction qui est dans la grandeur de tout acte qui révèle une tête puissante et une main hardie ;

La dispersion des influences mauvaises.

Eh ! pourquoi fermerions nous les yeux à la lumière ou tairions nous la vérité ? Tous ceux qui étaient placées pour voir ont vu. Je connais des populations qui auraient voté rouge en 1852, et qui, le 20 décembre ont voté *oui* à l'unanimité. Je sais une petite ville où la multitude ameutée demandait une heure de pillage. Quinze jours après, cette multitude a très bien voté.

Et c'est là, justement, la portée et le service de l'acte du 2 décembre, qui, en même temps qu'il touchait en haut, frappait surtout en bas.

Le mouvement des 20 et 21 décembre est un revirement ; il n'est pas une dénégation. Il n'infirme pas plus les craintes du passé qu'il ne garantit le péril de l'avenir.

Revenons au socialisme.

Il est des personnes qui ne croient pas au socialisme ou qui n'y croient que fort peu.

J'ai entendu des républicains modérés et même des conservateurs monarchiques dire ceci : « Je ne sais pas ce que c'est que le socialisme. Si vous appelez socialisme ces doctrines sauvages qui s'attaquent à la famille et à la propriété, elles ne sont pas dangereuses, car elles n'ont aucune prise sur le peuple. C'est là, au contraire, où le sentiment de la famille et de la propriété est le plus profondément enraciné.

» En tous cas, si le socialisme arrivait par une surprise, il ne tiendrait pas. Tout ce qui s'attaque aux lois primitives et essentielles de l'humanité est bientôt ruiné. »

Eh oui ! sans doute, le sentiment de la famille et de la propriété, ces deux supports des sociétés humaines, est profondément gravé dans le cœur des masses, comme dans le cœur et l'esprit des penseurs. Il n'est à l'état de doute ou de réprobation que dans les cœurs corrompus, dans les intelligences superficielles et les cerveaux malades. Le sentiment de la famille et de la propriété est dans le cœur du peuple comme y sont tous les sentiments vrais et naturels, comme y est le sentiment de la conservation dont il n'est, après tout, que la condition et le complément. Il y est à l'état d'instinct, il y revêt la puissance de tous les grands instincts.

Mais c'est justement parce que le peuple aime beaucoup la propriété que je crains la surexcitation de ses convoitises à l'endroit de la propriété. Lorsqu'on dit que le socialisme n'a aucune affinité dans les campagnes, on ne le considère que sous une de ses formes, le *communisme*.

Je ne redoute pas le communisme ; je ne le crains pas plus dans la propriété que dans la famille. Le paysan gardera sa femme et son foyer. Il ne partagera avec personne ni sa couche ni son patrimoine, mais il ajouterait volontiers un champ à son champ, dût-il tenir cet accroissement de la main du socialisme ou de celle de la république rouge ; non pas tous les paysans, mais plusieurs, mais un grand nombre. L'histoire est là, et l'histoire de nos jours. Elle est inscrite à chaque pas dans la commune. Le cadastre parcellaire témoigne de ces additions fractionnées des grands patrimoines, de ces alluvions révolutionnaires qui tenteraient encore plus d'une convoitise.

Voilà des séductions, et ajoutez-y celle des assignats, fort goûtée, je vous assure, de ceux qui avaient des dettes à payer ou qui rêvaient d'acquisitions à faire.

Mais, je l'ai déjà dit, le socialisme, cet être complexe, a bien d'autres amorces pour recruter son armée. Il sait à qui il parle, et il parle à chacun son langage. Il s'adresse à la vanité, à l'envie, à la gêne, à la fainéantise, à tout ce qui offre une prise à l'embauchage. La richesse, l'impôt, les fonctions publiques, les traitements, le contraste des positions, le travail manuel des uns, leur vie laborieuse et rude, le loisir des autres, les existences assises sur des capitaux qu'on se garde bien d'attribuer au travail et à l'épargne, enfin la grande phrase *l'exploitation de l'homme par l'homme*: voilà les armes de la propagande rouge et socialiste, le venin qui circulait dans les villes et dans les campagnes, et qui y corrompait les intelligences et les cœurs. Ces intelligences troublées, ces cœurs irrités, ne vont guère au fond des choses; ils n'en prennent que la surface et se laissent entraîner.

Il n'est pas jusqu'aux paysans les plus honnêtes, exempts de vanités et de mauvaises convoitises, qui n'eussent été entamés. La propagande les avait enrôlés par des séductions licites, des promesses trompeuses, la diminution des impôts, l'abolition des droits réunis, le renchérissement des denrées, dont les prix avilis ne couvraient plus les frais de revient. On leur avait persuadé que Ledru-Rollin, désigné à leurs suffrages pour la présidence, serait le meilleur des économistes, le plus scrupuleux ménager des deniers du peuple. Ils avaient oublié les 45 centimes.

Ajoutez à ce dénombrement cette écume des grandes cités, ces chercheurs d'aventures, qui ne sont ni blancs ni rouges, qui ont porté pour la plupart la livrée du bagne ou des maisons centrales, et qui, sans convocation, arrivent toujours les premiers partout où il y a du désordre à faire et des poches à remplir.

Enfin, par une séduction ou par une autre, les enrôlements allaient leur train. Les influences honnêtes étaient débordées. Le scrutin de 1852, nous le présagions tous, aurait infailliblement livré la France à ce groupe de manipulateurs que vous savez, et qui, devenus les maîtres par la tromperie ou une intelligente complicité, se seraient donné la joie de leur jacquerie savante.

Et remarquez encore deux circonstances qui étaient une aggravation du péril, je veux parler de l'alliance de la République rouge avec le socialisme et de leur extension sur le continent.

Dans la première révolution et même jusqu'à ces temps-ci, le socialisme, à part la tentative avortée de Robert Owen et la parade saint-simonienne, n'était qu'une sorte de curiosité littéraire, une utopie innocente, le cauchemar d'une philosophie qui, pour relever d'un rêve de Platon, n'en était pas plus sage et ne se donnait d'ailleurs que pour ce qu'elle était, pour un simple rêve.

En 93, Babeuf, un cerveau malade, prit ce rêve au sérieux, et dans ces temps de bouillonnements et de folie furieuse, il trouva quelques adhérents. Mais ces stupidités atroces n'eurent pas accès dans la Convention. Danton, qui guillotinait la Gironde ; Robespierre, qui guillotinait Danton, auraient coupé la tête de Babeuf, s'il fût sorti, sous leur règne, de la simple spéculation. Babeuf, dont les doctrines s'étaient révélées alors, mais qui ne les avait pas produites à l'état de complot, n'était à leurs yeux qu'un insensé qui « *compromettait la révolution.* »

Le socialisme n'est pas aujourd'hui dans ce discrédit et cet isolement. Les Babeufs et les Robespierres de 1851 s'étaient donné la main et marchaient ensemble à la conquête de la société, le socialisme en tête de la colonne, car il avait la prépondérance et la direction.

Et puis, le mal n'est pas circonscrit à la France. La république rouge et le socialisme sont par toute l'Europe. La confédération a même passé les mers. Elle avait des comités visibles partout, un gouvernement authentique à Londres, des ministres, des ambassadeurs, un budget !

L'étendue d'une plaie ajoute à sa gravité, le mal se propage par ses contacts, et l'audace vient avec le nombre.

Voilà la situation au 2 décembre.

Le drapeau a été abaissé ; le croyez-vous abattu ?

Ainsi il ne s'agit pas, à cette période, d'une thèse purement politique entre un gouvernement et une opposition, de la forme même d'un gouvernement. Il s'agit de la société elle-même. L'existence de la société à tous ses aspects, dans toutes ses profondeurs, est engagée dans le conflit. La lutte est entre la barbarie et la civilisation. C'est entre le monde actuel et le monde d'atroces rêveurs une question de vie et de mort.

Mais vous dites que si le socialisme arrivait par hasard, par une de ces surprises qui livrent quelquefois une nation à des maîtres qui n'étaient pas attendus, il ne ferait que traverser la société, parce que l'absurde ne dure pas.

Oui, le socialisme passerait vite, mais il passerait comme passe un orage, en broyant la société. La Providence, Dieu merci, a fait l'homme pour autre chose que pour le néant. Elle a mis en nous des instincts honnêtes, des sentiments moraux qui répugnent au mal, qui gravitent vers le bien. Il y a dans le cœur de l'homme un éternel foyer et dans son intelligence un éternel bon sens qui le dirigent et qui l'éclairent. Dans sa marche à travers les siècles, l'humanité a marqué des empreintes profondes et trahi d'invincibles tendances. La famille, la propriété, la liberté, l'amour de l'ordre, sont dans ses aspirations incessantes.

Voila sa gravitation.

Mais il n'y a pas de loi qui n'ait ses écarts. Le monde physique a ses bouleversements, le monde moral à ses cataclysmes. L'ordre renaît du chaos, l'humanité reprend sa marche, mais des continents et des civilisations sont restés abîmés sous les flots. Cette philosophie qui se désintéresse du mal, parce que le mal ne serait qu'une exception passagère, me touche médiocrement. Les générations qui meurent à la peine ne se reprennent guère aux contingents futurs. Le présent est à nous, l'avenir est à Dieu. Les destinées lointaines de l'humanité ne sauraient nous détacher de notre propre sort.

Légitimistes, orléanistes, républicains modérés qui étiez la nouvelle Gironde des nouveaux Montagnards, et qui auriez été eurs premières victimes; hommes d'ordre de tous les partis, que les mêmes périls et le même patriotisme nous inspirent la même sagesse. Si les effets doivent remonter aux causes, n'avons-nous pas tous à nous accuser quelque peu et à prendre notre part de responsabilité? Ne nous retranchons pas derrière nos intentions. Dans la politique, à la volonté du bien, il faut joindre le bon sens qui le discerne et la conduite qui le réalise. Nous nous plaignons que le monde est agité: ce sont nos disputes qui le remuent sans cesse. Soyons une fois en paix entre nous, et l'effervescence s'apaisera dans les régions inférieures. C'est d'en haut que les bons exemples et les bons conseils doivent venir. Quand il n'y aura plus en haut une France blanche et une France tricolore, il n'y aura en bas ni une France rouge ni une France socialiste; rallions-nous donc sous le même drapeau. En faisant la part de l'ordre, Napoléon fera aussi celle de toutes les nécessités de la vie morale d'un grand peuple. Il faut à l'ère qui commence l'assentiment des classes cultivées aussi bien que l'acclamation du peuple. Une politique à la fois énergique, conciliante et généreuse, ouvrira une voie honorable à tous les retours sincères.

B. GRENIER,

Ancien Procureur Général, premier Président honoraire à Dijon.

Clermont-Fd, imprim. de PEROL.